Mein superschlaues Frage- und Antwortbuch

Wie geht das?

Sophie de Mullenheim

ULLMANN

Illustrationen

Natur: **Mauro Mazzari**
Körper: **Thérèse Bonté**
Alltag: **Patrick Chenot**
Geschichte: **Laurent Kling**

Originaltitel: *Comment ça marche?*
ISBN der Originalausgabe: 978-2-03-594986-8

Redaktionsleitung: Sophie Chanourdie
Herausgeberin: Magali Marquet
Art-Direktor: Laurent Carré
Satz: Astrid Payet
Lektorat: La Machine à mots
Herstellung: Jenny Vallée

Übersetzung aus dem Französischen: Marta Wajer
Lektorat: Ute Jansen, Anja Hackländer
Redaktion und Satz: ce redaktionsbüro
Coveradaption: Beate Lennartz, Marcus Noch

ISBN 978-3-7415-2675-6
10 9 8 7 6 5 4 3
www.ullmannmedien.com

Natur

Was passiert im Beutel eines Kängurus?

Bei seiner Geburt ist ein Kängurubaby nicht größer als eine Erdnuss. Es krabbelt aus dem Geburtskanal in den Beutel seiner Mutter und nuckelt dort an einer Zitze. Dort bleibt es mehrere Monate lang, bis es alt genug ist, um sich selbst zu ernähren.

Wie entsteht der Blas des Wals?

Die Nase des Wals – das Blasloch – befindet sich an der Rückseite seines Kopfes! Wenn der Wal zum Atmen an die Oberfläche kommt, stößt er Kohlendioxid aus. Das Gas kühlt dabei ab und verwandelt sich in Wasserdampf, der wie eine Fontäne aussieht.

Wie funktioniert der Rüssel eines Elefanten?

Der Rüssel besteht aus vielen Muskeln. Er dient dem Elefanten sowohl als Nase wie auch als Greifarm. Mit ihm kann er atmen, riechen und Nahrung ertasten. Außerdem funktioniert er wie eine Pumpe, mit der sich der Elefant abduscht oder Wasser in den Mund spritzt.

Was passiert im Magen einer Kuh?

Eigentlich hat die Kuh gleich vier Mägen! Zuerst wandert die Nahrung in den Pansen, von wo aus sie immer wieder in das Maul der Kuh zurückgewürgt wird. Durch das Wiederkäuen wird die Nahrung fein genug, um schließlich in die anderen drei Mägen zu gelangen.

Wie atmen Fische?

Ein Fisch atmet nicht wie ein Mensch mithilfe einer Lunge, sondern indem er Wasser schluckt. Das Wasser fließt durch seine Kiemen, die sich seitlich am Kopf befinden. Kleine Blutgefäße in den Kiemen filtern den lebenswichtigen Sauerstoff aus dem Wasser heraus.

Wie funktionieren Entenfedern?

Entenfedern sind wasserabweisend wie Wachs: Das Wasser perlt daran ab, sodass die Haut immer schön trocken bleibt. Ein dünnes Luftpolster zwischen Federn und Haut schützt die Ente vor Kälte. Außerdem kann sie so besser schwimmen!

Wie entsteht ein Spinnennetz?

An ihrem Bauch hat die Spinne Drüsen, mit denen sie Seide produziert. Sie ist anfangs flüssig, wird aber an der Luft fest. Mit ihren Beinen zieht die Spinne einen langen Faden und webt diesen zu einem Spinnennetz.

Wie hält das Murmeltier Winterschlaf?

Während der kältesten Zeit des Jahres hält das Murmeltier sechs Monate lang Winterschlaf. Sein Herz schlägt langsamer, sein Atem wird flacher und es lebt von den Fettreserven, die es sich während des Sommers angefressen hat.

Wie wird aus einem Ei ein Küken?

Eine Henne + ein Hahn = ein Küken! Nach der Befruchtung wächst im Ei ein Küken heran. Die Henne baut sich ein Nest und legt das Ei hinein, um es mit ihrer Wärme auszubrüten. Drei Wochen später schlüpft das Küken. Aus unbefruchteten Eiern entsteht kein Küken. Diese Eier kann man essen!

Wie entsteht ein Schmetterling?

Aus einem Ei schlüpft zuerst eine Raupe, die sich nach ein paar Wochen mit einem Seidenfaden einspinnt. In diesem Kokon verwandelt sich die Larve in einen Schmetterling. Wenn er schlüpft, breitet er seine Flügel aus, um sie in der Sonne zu trocknen. Dann fliegt er los!

Was geschieht in einem Ameisenhaufen?

Im Innern des Ameisenhaufens legt die Königin fleißig Eier, um die sich die Arbeiterinnen kümmern. Diese suchen Nahrung, vertreiben Feinde und halten den Bau schön sauber.

Wie leben Bienen?

Im Laufe ihres Lebens übernimmt die Biene sechs Aufgaben. Anfangs muss sie den Bienenstock reinigen, dann übernimmt sie die Fütterung der Larven. Später kümmert sie sich um die Pollenvorräte und hilft beim Bau der Waben. Sie verteidigt den Bienenstock vor Feinden und fliegt schließlich aus, um Nektar zu sammeln.

Wo befindet sich die Nase eines Vogels?

Der Schnabel von Vögeln ist nicht ihre Nase, sondern ihr Mund! Fast immer befinden sich die Nasenlöcher oberhalb des Schnabels.

Vögel atmen wie wir durch die Nase und durch den Mund. Sie können übrigens auch riechen!.

Wann wirft die Eidechse ihren Schwanz ab?

Wird eine Eidechse von einem Angreifer bedroht, wirft sie ihren Schwanz ab. Er zappelt weiter, um den Angreifer abzulenken. So kann die Eidechse fliehen. Der Schwanz wächst aber zum Glück wieder nach!

Warum hat eine Katze Schnurrhaare?

Katzen haben etwa 24 Schnurrhaare. Diese besonders langen und dicken Haare sind mit dem Nervensystem verbunden und können feinste Bewegungen in der Luft wahrnehmen. Mit ihrer Hilfe erkundet die Katze ihre Umgebung und kann damit Beutetiere aufspüren.

Wie funktionieren die Krallen eines Löwen?

Der Löwe läuft auf seinen Zehenspitzen; er ist ein sogenannter Zehengänger. Damit seine Krallen nicht beschädigt werden, zieht er sie beim Laufen ein und fährt sie nur aus, um Beute zu jagen oder sich zu verteidigen.

Warum hat das Dromedar einen Höcker?

Der Höcker des Dromedars ist ein Fett- und kein Wasserspeicher. Wenn das Dromedar lange durch die Wüste läuft, ohne zu fressen, verbraucht es seine Fettreserven – und sein Höcker wird kleiner!

Wie wächst ein Schneckenhaus?

Ihr ganzes Leben lang behält die Schnecke dasselbe Schneckenhaus. Es muss also mitwachsen! Das Kalzium in der Nahrung dient dazu, ständig neue Ringe anzubauen, sodass sich das Haus spiralförmig vergrößert.

Wozu dient die Rückenflosse eines Hais?

Oft ist die Rückenflosse der einzige Teil des Hais, der aus dem Wasser ragt, wenn er an der Oberfläche schwimmt. Sie hilft dem Hai seinen Kurs zu halten und aufrecht im Wasser zu schwimmen. Haie müssen sich ständig bewegen, da sie sonst ersticken und sterben.

Wie funktionieren die Arme des Oktopus?

Ein Oktopus hat acht Arme mit jeweils zwei Reihen von Saugnäpfen. Er benutzt sie zum Tasten, um Beute zu fangen oder um einen Unterschlupf zu bauen. Wenn er einen Arm verliert, wächst er einfach wieder nach. Praktisch, oder?

Wie funktioniert die Sprache der Delfine?

Delfine kommunizieren über Ultraschallwellen miteinander, die wir Menschen kaum hören können. Mithilfe individueller Töne können sie sich sogar gegenseitig beim Namen rufen!

Wie orientieren sich Fledermäuse?

Fledermäuse senden während des Fluges Ultraschallwellen aus. Wenn diese gegen ein Hindernis prallen, kehren sie wie ein Echo zurück. Die Fledermaus nutzt dieses Echo wie ein Radargerät, das die Töne sichtbar macht. So weiß sie immer ganz genau, wo sich ein Hindernis befindet – sogar nachts!

Warum häutet sich eine Schlange?

Unsere Haut altert und erneuert sich ständig, ohne dass wir es bemerken. Bei der Schlange ist das anders: Ihre Schuppenhaut kann nämlich nicht mitwachsen. Wird sie zu eng, streift die Schlange ihre alte Haut einfach ab. Man nennt diesen Vorgang „Häutung".

Wie funktioniert das Gift eines Skorpions?

Der Skorpion verschlingt seine Beute bei lebendigem Leib. Wenn er es nicht schafft, sie mit seinen Zangen außer Gefecht zu setzen, spritzt er ihr mit einem Stachel Gift ein, das die Beute lähmt oder sogar tötet.

Wie passt eine Maus durch ein winziges Loch?

Eine Maus kann durch Löcher schlüpfen, die wesentlich kleiner sind als sie selbst. Das liegt daran, dass ihr Skelett ausgesprochen biegsam ist. So kann sie sich platt machen und verbiegen und passt selbst durch kleinste Löcher und Öffnungen.

Wie entsteht eine Perle?

Wenn eine Auster ein Sandkorn in die Schale bekommt, dann stört sie das sehr. Sie umhüllt das lästige Körnchen mit Perlmutt, um es runder zu machen, damit es sie nicht verletzt. So wird aus einem Sandkorn eine wunderschöne Perle.

Warum wechselt das Chamäleon seine Farbe?

Ein Chamäleon wechselt je nach Stimmung die Farbe. Normalerweise ist es grün. Will es ein Weibchen beeindrucken, färbt es sich rot. Bei Streit wird es schwarz vor Wut oder bleich vor Angst.

Was passiert mit Schildkröten nach ihrer Geburt?

Meeresschildkröten sorgen sich nicht sehr gut um ihren Nachwuchs: Sie legen ihre Eier in den Sand und machen sich aus dem Staub. Wenn die kleinen Schildkröten schlüpfen, müssen sie sich allein über den Strand zum Meer retten. Wer sich nicht beeilt, wird gefressen!

Warum schlägt der Pfau ein Rad?

Ganz einfach: um die Damen zu beeindrucken! Dazu entfaltet er seine Schwanzfedern zu einem Fächer und lässt sie erzittern. Je größer und prächtiger das Rad, umso mehr erliegt das Weibchen seinem Charme!

Wie funktioniert der Gesang der Vögel?

Vögel haben ein ganz besonderes Organ, den Stimmkopf. Er funktioniert wie eine Orgelpfeife und wird von der Luft zum Klingen gebracht. Vögel singen, um einen Partner anzulocken oder um andere Vögel zu warnen.

Wie wächst eine Pflanze?

Wenn ein Samen in die Erde fällt, bildet er Wurzeln, um Wasser und Nahrung aus dem Boden aufzunehmen. Dann entsteht ein winziger Keim, der auf der Suche nach Licht aus der Erde dringt. Er bildet erste Blätter und entwickelt sich zu einer Pflanze.

Was ist der Lebenssaft eines Baumes?

Der Lebenssaft entspricht in etwa dem Blutkreislauf eines Menschen. Er versorgt alle Teile des Baumes mit Wasser und lebenswichtigen Mineralien, die er über die Wurzeln aus dem Boden aufnimmt.

Was ist Fotosynthese?

Die Fotosynthese dient der Pflanze dazu, in ihren grünen Zellen selbst Nahrung herzustellen. Mithilfe der Sonnenenergie werden Nährstoffe aus dem Wasser in Zucker umgewandelt. Und diesen braucht sie zum Wachsen!

Warum färben sich im Herbst die Blätter?

Im Herbst gibt es weniger Sonnenlicht. Die grünen Zellen der Blätter sind nicht mehr so aktiv und die gelben, orangenen und roten Zellen der Blätter sind daher besser zu sehen. Deshalb werden die Blätter herbst-bunt!

Was sind die Gezeiten?

Der Mond und die Erde ziehen sich gegenseitig an. Steht der Mond über einem Ozean, zieht er somit das Wasser zu sich heran. Der Wasserspiegel steigt, ohne dass wir es bemerken. Man nennt das Flut. Wandert der Mond weiter, sinkt der Wasserspiegel, und es herrscht Ebbe.

Wie entstehen Wellen?

Wellen werden vor allem durch Wind erzeugt. Außerdem können Gesteinsformationen am Meeresboden oder andere Hindernisse den Wellengang verstärken oder abschwächen. Es gibt aber auch wahre Monsterwellen, – sogenannte „Tsunamis“ – die von einem Seebeben ausgelöst werden.

Wie kommt es zu einer Sonnenfinsternis?

Der Mond kreist um die Erde. Manchmal steht er genau zwischen Erde und Sonne. Dann verdeckt er für ein paar Minuten die Sonne. Und es wird mitten am Tag dunkel!

Wann gibt es Vollmond?

Der Mond leuchtet, weil er das Licht der Sonne reflektiert. Da er um die Erde kreist, sehen wir manchmal seine von der Sonne beschienene Seite: Dann ist Vollmond! Meist sehen wir seine Sonnenseite aber nur teilweise: nämlich als Mondsichel.

Wie entsteht ein Vulkan?

Unter der Erdkruste befinden sich sehr heiße und flüssige Gesteinsschichten. Manchmal kann es passieren, dass sie durch einen Riss an die Erdoberfläche gelangen. Dann kommt es zu einem Vulkanausbruch! Das heiße Gestein kühlt sich schlagartig ab und bildet mit der Zeit einen Berg – den Vulkan!

Wie funktioniert ein Seismograf?

Ein Seismograf erfasst alle Bewegungen der Erdkruste und zeichnet ihre Stärke und Dauer auf. Ist ein Erdstoß besonders stark, muss man sich auf ein Erdbeben gefasst machen!

Wie entsteht ein Geysir?

Wenn unter der Erde Wasser auf heißes Gestein trifft, beginnt es zu kochen. Von dem Wasserdampf bildet sich Druck. Das Wasser will entweichen und schießt durch einen Spalt in die Höhe: Das ist der Geysir!

Wie entstehen Gletscher?

Auf hohen Bergen kann der Schnee nicht schmelzen, sondern wird zu dicken Eisschichten zusammengepresst. Das Eis wird immer schwerer und schiebt sich langsam den Berg hinunter. Dieser „Eisfluss“ wird Gletscher genannt. Gletscher sind gewaltige Wasserspeicher.

Wie entsteht Wind?

Die Luft auf der Erde ist immer in Bewegung. In manchen Regionen erwärmt sie sich und wird dadurch leichter. Sie steigt nach oben und verdrängt die kalte Luft nach unten. Diese Luftbewegungen erzeugen Wind!

Wie entstehen Wolken?

Das Wasser in den Meeren, Seen und Flüssen wird durch die Sonne erwärmt. Es verdunstet und steigt als Wasserdampf nach oben. Aber je höher der Wasserdampf steigt, umso mehr kühlt er ab und wird wieder flüssig: Die Wassertröpfchen in der Luft bilden dann Wolken.

Wie entsteht Regen?

Die Wassertropfen in einer Wolke sind so dicht, dass sie ständig aneinander prallen. Mit der Zeit werden die Tropfen immer größer und schwerer, bis sie schließlich vom Himmel fallen: Es regnet!

Wie entsteht ein Gewitter?

Gewitterwolken bestehen aus Wassertropfen und Eiskristallen, die wild umherwirbeln. Durch diese Reibung entsteht Elektrizität. Die überschüssige Energie entlädt sich und rast als Blitz zur Erde.

Wie entsteht Grundwasser?

Wenn es regnet, sickert das Wasser in den Boden, bis es auf undurchlässiges Gestein trifft. An dieser Stelle sammelt es sich an und bildet so etwas wie einen unterirdischen See: das Grundwasser.

Wie entsteht eine Oase?

Sogar in der Wüste gibt es Grundwasserschichten, die den Boden an einigen Stellen feucht halten. Dort werden Brunnen gegraben und Bewässerungskanäle angelegt, um Getreide, Obst oder Gemüse anzubauen. Willkommen in der Oase!

Wie entsteht ein Stalaktit?

Wenn Regenwasser in Kalkgestein eindringt, nimmt es Mineralien auf, die als Tropfen an der Höhlendecke hängen bleiben. Mit jedem Tropfen bleibt etwas Kalk zurück, der an der Luft wieder fest wird. Mit der Zeit entsteht eine herabhängende Säule: der Stalaktit. Man spricht dann von einer Tropfsteinhöhle.

Und ein Stalagmit?

Manchmal enthalten die herabfallenden Wassertropfen noch etwas Kalk, der erst am Boden hart wird. Dann bildet sich eine aufragende Säule: der Stalagmit.

Wie entsteht ein Edelstein?

Vor vielen Millionen Jahren wurden tief unter der Erde kohlenstoffhaltige Überreste von Lebewesen durch Hitze und Druck in Kristalle verwandelt. Im Laufe der Zeit haben Erdbewegungen diese Kristalle wieder an die Erdoberfläche transportiert. Dieser Vorgang ist sehr selten und dauert sehr lange. Deshalb kosten Edelsteine – wie Diamanten – ein Vermögen!

Woher kommt das Gold?

Das Gold auf der Erde stammt tatsächlich aus dem Weltraum! Vor vielen Millionen Jahren entstanden bei der Explosion von Sternen – sogenannten Supernovas – seltene Schwermetalle, die als Meteoriten zur Erde gelangten: so auch das Gold!

Körper

Wie funktionieren unsere Augen?

Die Augen nehmen das Licht über die schwarze, runde Öffnung der Pupille auf. Dahinter liegt eine durchsichtige Linse, die das Licht bündelt und ganz hinten im Auge als scharfes Bild auf die Netzhaut wirft. Sie ist wie eine Art Leinwand, die alle Bilder an das Gehirn weiterleitet.

Wozu braucht man eine Brille?

Manchmal fällt das gebündelte Licht nicht scharf auf die Netzhaut. Dann sieht man verschwommen oder das Bild ist verzerrt. Eine Brille funktioniert wie eine zweite Linse, die diesen Fehler behebt.

Wozu dienen Tränen?

Tränen halten das Auge feucht und geschmeidig, damit wir besser sehen können. Außerdem spülen sie den Schmutz weg, der manchmal hineinkommt. Unsere Augen sind immer feucht, aber wenn wir traurig oder wütend sind, entsteht eine wahre Flut von Tränen, und wir müssen weinen!

Wozu sind Wimpern gut?

Wimpern sind eine Art Schutzschild für die Augen. Sie sollen verhindern, dass Staub und Dreck eindringen. Gemeinsam mit den Augenbrauen halten sie auch den Schweiß zurück, der manchmal von unserer Stirn tropft.

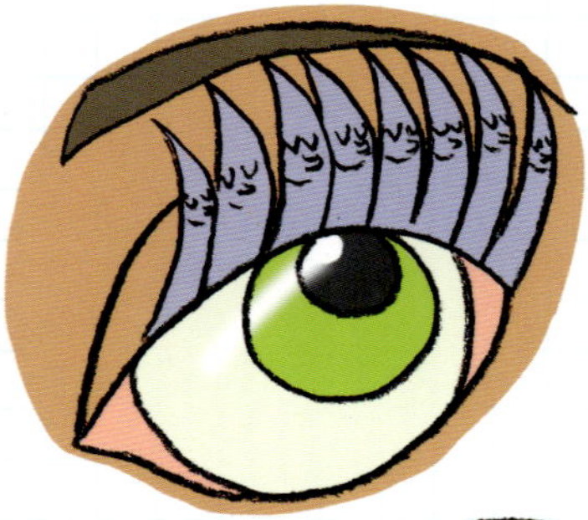

Wie funktioniert die Nase?

Die Nase ist wie ein Staubsauger. Tausende Liter Luft strömen jeden Tag hindurch. Dabei filtern feine Härchen den Staub heraus, damit wir ihn nicht einatmen. Zugleich wird die Luft erwärmt und befeuchtet, bevor sie in die Lunge gelangt.

Wie nehmen wir Gerüche wahr?

In der Nase gibt es Millionen von feinen Härchen, die den Geruch um uns herum einfangen. Die Riechzellen der Schleimhaut leiten diese Informationen weiter. Das Gehirn muss nun entscheiden, ob es nach Müll stinkt oder nach Rosen duftet!

Wie funktioniert unsere Zunge?

Die Zunge ist eines der stärksten Organe des Körpers, denn sie besteht aus 17 Muskeln! Wir brauchen sie zum Kauen, zum Schlucken und nicht zuletzt zum Sprechen.

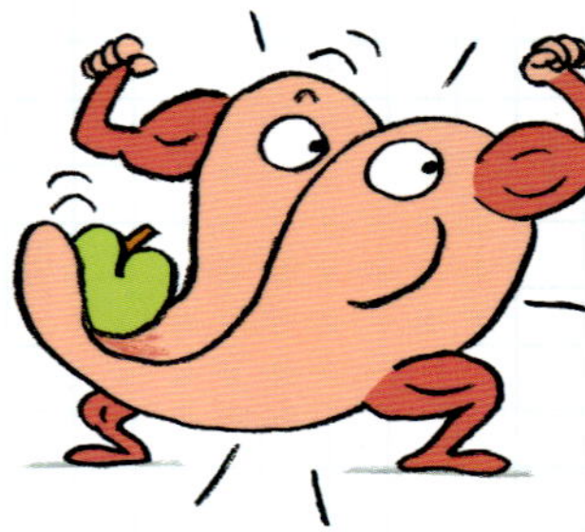

Wie funktioniert der Geschmackssinn?

Die Zunge ist übersät mit winzigen Erhebungen: den Papillen. Jede von ihnen kann eine bestimmte Geschmacksrichtung erkennen: süß, sauer, bitter oder salzig. Beim Essen leiten die Papillen diese Information an das Gehirn weiter. Dann denken wir: „Lecker" oder „Bäh"!

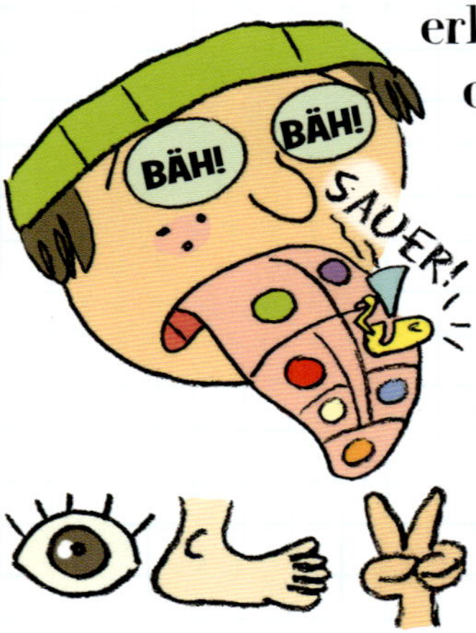

Wie funktioniert unsere Stimme?

Die Stimmbänder im Hals sehen aus wie Hautfalten. Wenn die Luft aus der Lunge an ihnen vorbeiströmt, beginnen sie zu vibrieren und erzeugen einen Ton. Dieser wird von der Zunge, dem Gaumen und den Lippen geformt. Und heraus kommen Worte!

Wie funktioniert unser Gehör?

Wenn Geräusche in unser Ohr gelangen, bringen sie das Trommelfell wie ein Trampolin zum Schwingen. Diese Bewegung überträgt sich auf winzige Knochen im Mittelohr. Die feinen Härchen der Hörschnecke verwandeln diese Schwingungen in elektrische Impulse, die das Gehirn entschlüsselt.

Warum sind manche Menschen taub?

Wenn die feinen Härchen im Innenohr nicht gut oder gar nicht funktionieren, leiten sie keine Informationen an das Gehirn weiter. Einige Gehörlose können keine hohen, andere keine tiefen Töne hören. Manche hören sogar gar nichts.

Wie funktioniert ein Hörgerät?

Ein Hörgerät ermöglicht schwerhörigen Menschen, die Geräusche ihrer Umwelt besser wahrzunehmen. Dazu werden die Geräusche verstärkt, also lauter gemacht, um die noch funktionierenden Hörzellen stärker anzuregen.

Wozu dient unsere Haut?

Die Haut funktioniert wie eine Schutzanzug. Sie verhindert, dass unsere Organe mit dem Schmutz der Außenwelt in Kontakt kommen. Ihre Zellen verteidigen den Körper vor schädlichen Mikroorganismen. Außerdem schützt sie uns vor Hitze und Kälte.

Wie entsteht Schweiß?

Bei großer Hitze produzieren die Poren unserer Haut Wasser. Wenn es verdunstet, wird die Haut gekühlt. Der Schweiß schützt unseren Körper also vor Überhitzung.

Wie entsteht Gänsehaut?

Wenn wir frieren, richten sich die kleinen Härchen unserer Haut auf und bilden eine schützende Luftschicht – die Gänsehaut. Zugleich zittern oder frösteln wir. Diese feine Bewegung der Haut dient dazu, den Körper zu wärmen.

Wie reagiert unser Körper auf Verletzungen?

Unter der Haut befinden sich Tausende kleiner Adern. Wenn wir uns verletzten, werden sie beschädigt und wir bluten. Um die Wunde möglichst schnell zu verschließen, sammeln sich an der Stelle sogenannte Blutplättchen. Und es entsteht eine Kruste!

Wie funktioniert das Herz?

Das Herz sorgt dafür, dass immer genug Blut durch unseren Körper fließt. Es ist eine kräftige Pumpe, die das sauerstoffreiche Blut der Lunge ansaugt und an die Organe weiterleitet. Zugleich wird das sauerstoffarme Blut aus den Organen aufgenommen, um es zurück in die Lunge zu leiten.

Wie funktioniert die Lunge?

Die Lunge füllt sich bei jedem Atemzug mit sauerstoffreicher Luft. Dieser Sauerstoff gelangt ins Blut und wird von dort aus zu den Organen transportiert. Im Gegenzug stößt die Lunge Kohlendioxid aus, das der Körper nicht braucht.

Wie funktioniert der Magen?

Alles, was wir essen, gelangt in den Magen. Er ist ein Beutel aus kräftigen Muskeln, der die Nahrung zu einem Brei zermalmt. Dieser wandert dann in den Darm, wo die Nährstoffe vom Blut aufgenommen und an die Organe weitergeleitet werden.

Warum müssen wir aufs Klo?

Bei der Verdauung entstehen auch Stoffe, die der Körper nicht gebrauchen kann. Diese Abfallprodukte werden im Dickdarm gesammelt und schließlich ausgeschieden. Deshalb müssen wir aufs Klo!

Was sind Mikroben?

Mikroben sind winzige Lebewesen, die man mit bloßem Auge nicht sehen kann. Manchmal gelangen sie in unser Blut und vermehren sich dort, sodass wir davon krank werden. Aber nicht alle Mikroben sind schädlich. Es gibt zum Beispiel Mikroben, die die Rinde des Käses produzieren!

Was passiert bei Fieber?

Wenn Mikroben – also Bakterien oder Viren – in unseren Körper eindringen, versuchen wir, sie zu bekämpfen. Die weißen Blutkörperchen in unserem Blut greifen die Mikroben an. Von diesem Kampf wird unserem Körper warm: Wir haben Fieber!

Was ist eine Epidemie?

Viele Krankheiten sind ansteckend und können sich von einem Menschen auf den nächsten übertragen. Wenn zur selben Zeit und in derselben Region sehr Zeit viele Menschen an der gleichen ansteckenden Krankheit leiden, spricht man von einer Epidemie.

Was ist ein Virus?

Ein Virus ist ein Mikroorganismus, der allein nicht überleben kann. Deshalb dringt er in unsere Zellen ein, um sich dort zu vermehren. Wenn das Immunsystem einen Virus besiegt, sind wir meist für eine bestimmte Zeit dagegen immun.

Wie funktioniert eine Impfung?

Um dem Körper beizubringen, wie er ein Virus bekämpfen kann, wird ihm eine abgeschwächte Kopie des Virus injiziert.

Wird der Körper angegriffen, wehrt er sich. Dank dieses „Trainings" erkennt der Körper das Virus danach sofort und weiß, wie man es bekämpft.

Wie funktioniert ein Medikament?

Ein Medikament besteht aus winzigen Teilchen – den Molekülen –, die unserem Körper bei der Heilung unterstützen. Sie töten Krankheitserreger ab oder helfen unseren Zellen, dies selbst zu tun.

Was ist eine Allergie?

Manchmal verwechselt der Körper einen harmlosen Stoff (z. B. ein Nahrungsmittel) mit einem Krankheitserreger und versucht ihn zu bekämpfen. Zunächst ist die Reaktion schwach, aber je häufiger er mit dem Eindringling in Kontakt kommt, umso stärker ist die allergische Reaktion des Körpers.

Was passiert bei einem Mückenstich?

Wenn uns eine Mücke sticht, spritzt sie eine Flüssigkeit in unser Blut, um es am Gerinnen zu hindern, damit sie in Ruhe trinken kann. Der Körper will diese Flüssigkeit mit einem Gegenmittel bekämpfen, doch die beiden Stoffe bilden eine explosive Mischung, die fürchterlich juckt.

Warum wachsen unsere Fingernägel?

Fingernägel sind dazu da, unsere Fingerspitzen zu schützen. Der kleine weiße Teil am Ansatz des Nagels produziert Keratin, die harte Substanz, aus der unsere Nägel gemacht sind. Da die Keratinproduktion nie aufhört, wachsen die Nägel immer weiter!

Wie entsteht eine Nagelbettentzündung?

Wenn die Haut um den Nagel herum beschädigt wird, zum Beispiel wenn man daran knabbert, kann es passieren, dass ein Keim unter die Haut kriecht. Es kommt zu einer Entzündung. Der Finger wird rot und schwillt an. Autsch!

Wie entsteht eine Warze?

Manchmal nutzt ein Virus eine winzige Verletzung, um unter die Haut zu kriechen. An dieser Stelle bilden sich plötzlich ganz viele Hautzellen, und es entsteht eine Warze. Meistens verschwindet sie von selbst wieder!

Wie entsteht eine Blase?

Wenn die Haut immer wieder an derselben Stelle gereizt wird, kann sie sich verletzen. Die obersten Hautschichten lösen sich ab und bilden einen Hohlraum, der sich mit Flüssigkeit füllt. Dieses Polster soll die Haut vor weiteren Verletzungen schützen.

Wie funktionieren Röntgenstrahlen?

Röntgenstrahlen durchdringen den Körper und werden auf einem speziellen Film festgehalten, um ein Foto vom Inneren unseres Körpers zu machen. Die Knochen erscheinen auf dem Röntgenbild weiß, weil sie weniger Strahlung durchlassen. So kann man erkennen, ob sie gebrochen sind.

Warum bekommt man einen Gips?

Ein gebrochener Knochen repariert sich von selbst. Wenn der Knochen aber zu viel bewegt wird, kann es sein, dass er schief zusammenwächst. Der Gips dient dazu, den Knochen für die Dauer der Heilung ruhigzustellen.

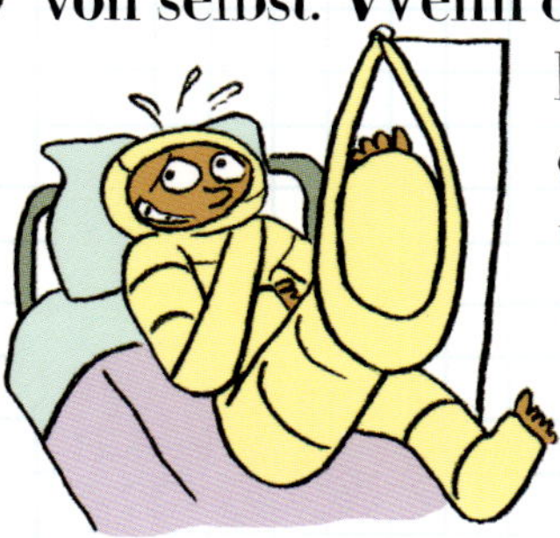

Wie funktioniert ein Thermometer?

Viele Thermometer funktionieren mithilfe von Flüssigkeiten, die sich bei Wärme ausdehnen. Weil die Flüssigkeit dann mehr Platz benötigt, steigt sie im Glasröhrchen nach oben. An der Markierung können wir die Temperatur ablesen.

Wie funktioniert ein Stethoskop?

Mit einem Stethoskop kann man Geräusche im Innern des Körpers hören. Dazu legt man das Bruststück auf das Herz, die Lunge oder den Bauch. Eine Membran im Innern des Schalltrichters verstärkt die Geräusche, damit der Arzt sie besser hören kann.

Was ist der Blutdruck?

Das Blut muss immer gleichmäßig durch unseren Körper fließen. Dazu ist ein gewisser Druck nötig, den man mit einem Blutdruckgerät messen kann. Ist der Blutdruck zu hoch, strengt sich das Herz zu sehr an, ist er zu niedrig, fühlen wir uns schlapp und müde.

Wie funktioniert der Puls?

Mit jedem Herzschlag wird Blut durch die Adern gepumpt. Das kann man an manchen Stellen spüren (z. B. am Handgelenk oder Hals). Wenn man dabei mitzählt, spricht man von „Puls messen“.

Wie entstehen Babys?

Wenn in Mamas Körper eine von Papas Samenzellen auf eine Eizelle trifft, wird das Ei befruchtet und kann sich im Bauch der Mutter einnisten. Dort entwickelt es sich neun Monate lang und wächst zu einem Baby heran.

Wie entstehen Zwillinge?

Manchmal teilt sich das befruchtete Ei im Bauch der Mutter. Dann entstehen zwei völlig identische Babys. Es kann aber auch vorkommen, dass zwei verschiedene Eizellen befruchtet werden. Dann werden beide Babys am selben Tag geboren, aber sie sehen sich nicht unbedingt ähnlich!

Was passiert bei einer Schwangerschaft?

Das Baby bleibt neun Monate lang im Bauch seiner Mutter. Es schwimmt in der Fruchtblase, die es vor der Außenwelt schützt, und ernährt sich mithilfe der Nabelschnur, die es mit der Mutter verbindet.

Woher kommt die Muttermilch?

Nach der Geburt schwellen die Brüste der Mutter an und bilden Milch, um das Baby zu versorgen. Wenn es trinkt, reagiert das Gehirn der Mutter mit einer erhöhten Milchproduktion. Wenn es aufhört, weiß das Gehirn, dass die Milchproduktion gestoppt werden kann.

Wie entstehen Falten?

Mit zunehmendem Alter wird die Haut weniger geschmeidig und kann sich nicht mehr so gut erneuern. Dadurch bilden sich Falten. Manchmal entstehen in den Augenwinkeln ganz besondere Fältchen, denn beim Lächeln wird die Haut um die Augen herum zusammengekniffen. Das sind die Lachfalten!

Warum bekommen Menschen graue Haare?

Zuständig für unsere Haarfarbe ist der Farbstoff Melanin. Mit zunehmendem Alter nimmt der Vorrat an Melanin ab, da der Körper weniger davon produziert. Ist der Vorrat aufgebraucht, wächst das Haar weiß nach.

Wie entsteht Karies?

Zähne haben eine sehr harte Schutzschicht, den sogenannten Zahnschmelz. Doch Zucker kann diese Schicht angreifen und durchlöchern. Das nennt man Karies. Wenn der Zahnarzt nichts dagegen tut, muss der Zahn irgendwann gezogen werden.

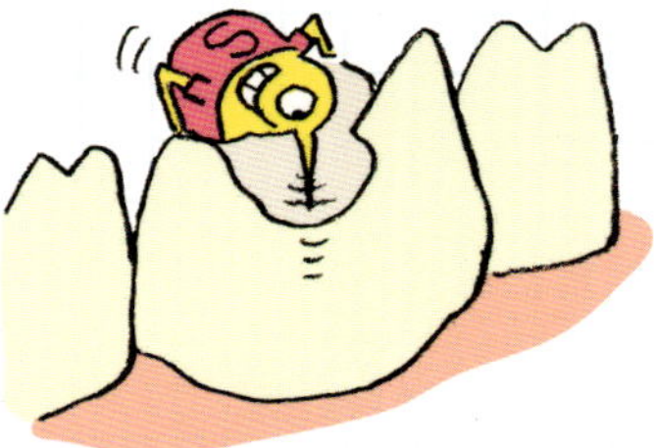

Wie funktionieren Zahnspangen?

Manchmal kommt es vor, dass Zähne schief wachsen. Um sie gerade zu rücken, muss man sich Zeit lassen, sonst würden sie beschädigt. Eine Zahnspange zieht oder schiebt die Zähne sanft an ihren Platz.

Wie funktionieren unsere Muskeln?

Das Gehirn befiehlt den Muskeln, sich zusammenzuziehen oder zu entspannen. Muskeln dienen unter anderem dazu, unsere Knochen zusammenzuhalten und zu bewegen. Oder sie sorgen dafür, dass unsere Organe richtig funktionieren.

Warum bekommen wir Muskelkater?

Die Muskeln bestehen aus unzähligen kleinen Fasern. Bei zu großer oder ungewohnter Belastung können sich diese verletzen oder sogar reißen. Und das tut weh. Aber keine Sorge, der Körper kann das blitzschnell reparieren!

Wie funktioniert das Gedächtnis?

Das Gedächtnis speichert Tausende von Informationen in unserem Gehirn, die wir bei Bedarf abrufen können. Dazu gehören Wissen, Erinnerungen, Bilder, Geräusche, Gerüche ... Informationen, die wir nicht brauchen, werden nach einer Weile gelöscht.

Wie entstehen Träume?

Man träumt nicht die ganze Nacht, sondern besonders während der sogenannten „REM-Phase", die nicht mehr als ein oder zwei Stunden dauert. In dieser Zeit amüsiert sich das Gehirn damit, aus den Eindrücken des Tages die verrücktesten Träume zu schmieden.

Warum wird unsere Haut braun?

Die Haut schützt sich vor der Sonne, indem sie Melanin produziert. Dieser Stoff lässt die Haut braun werden, damit sie die schädlichen Sonnenstrahlen besser abfangen kann und diese nicht in die tieferen und empfindlicheren Hautschichten vordringen.

Warum bekommen wir einen Sonnenbrand?

Die Haut kann sich selbst vor der Sonne schützen, vorausgesetzt, man lässt ihr genug Zeit. Wenn man zu lange in der Sonne bleibt, kann der Körper nicht genug Melanin produzieren. Die Haut wird rot und man bekommt einen Sonnenbrand!

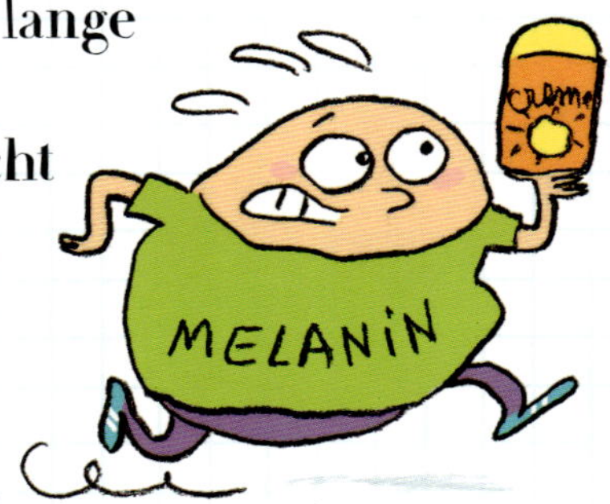

Alltag

Wie funktioniert ein Fernsehgerät?

Der Fernseher funktioniert mithilfe eines elektrischen Signals, das er per Satellit, über Kabel oder aus dem Internet empfängt. Ein Tuner im Gerät entschlüsselt dieses Signal und setzt es in farbige Bildpunkte um. Schon ensteht ein Bild!

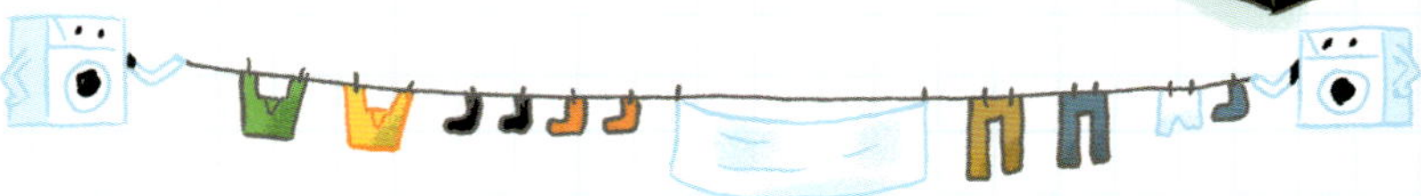

Wie funktioniert eine DVD?

Eine DVD ist ein optischer Datenträger, auf dem alle Bilder und Geräusche eines Films gespeichert werden. Der DVD-Player entschlüsselt diese Daten und sendet sie an den Fernseher, damit wir uns den Film ansehen können!

Wie funktioniert ein Kühlschrank?

Eine Kühlschrank funktioniert mithilfe eines Kühlmittels, das schon bei Minustemperaturen verdampft und dem Kühlschrank dadurch Wärme entzieht. Das entstandene Gas wird durch Rohre nach außen gepumpt, wo es die Wärme abgibt und sich wieder verflüssigt. Dann geht das Ganze von vorn los!

Und eine Klimaanlage?

Eine Klimaanlage funktioniert wie ein riesiger Kühlschrank! Ein Flüssigkeitskreislauf entzieht dem Innenraum Wärme und leitet diese nach draußen ab. Dazu wird warme Luft über einen Verdampfer gekühlt und zurück ins Zimmer geleitet. Also wird es drinnen schön kühl!

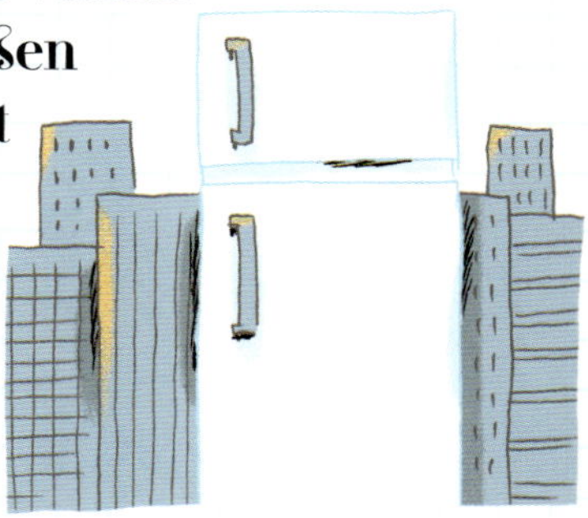

Wie kommt eine Rakete ins Weltall?

Beim Start einer Rakete verbrennt Treibstoff, was riesige Mengen an Gas erzeugt. Diese Gase werden durch Düsen geleitet und erzeugen einen gewaltigen Schub, der die Rakete wegdrückt und abheben lässt. Die Astronauten sitzen ganz oben in der Rakete.

Warum fliegt ein Flugzeug?

Wenn du einen Gegenstand ins Wasser tauchst und den Druck deiner Hand verringerst, steigt er wieder nach oben. Ähnlich ist es bei Flugzeugen. Die Form der Tragflächen bewirkt, dass die Luft über dem Flügel langsamer strömt als darunter. Das erzeugt einen Unterdruck, der das Flugzeug nach oben zieht.

Was ist ein Satellit?

Satelliten sind mit Computern, Sensoren oder Kameras ausgestattet. Sie werden in die Umlaufbahn der Erde katapultiert und dienen beispielsweise zum Telefonieren, zur Vorhersage des Wetters oder zum Ausspionieren anderer Länder! In ihrer Umlaufbahn angekommen, brauchen sie keinen eigenen Antrieb, sondern gehorchen den Gesetzen der Schwerkraft.

Wie funktioniert das GPS?

GPS-Satelliten senden ständig Signale zur Erde. Ein GPS-Gerät nutzt mindestens drei dieser Satelliten, um aus deren Entfernung seine eigene Position zu berechnen. So kann man ziemlich genau feststellen, wo man sich auf der Erde gerade befindet!

Wie funktioniert ein Computer?

Ein Computer funktioniert dank eines „Prozessors“. Das ist sozusagen sein Gehirn, das alle Befehle verarbeitet, um Daten zu verwalten. Wie das Gehirn hat auch der Computer ein Gedächtnis, in dem alle Informationen gespeichert werden: die Festplatte.

Was ist ein USB-Stick?

USB-Sticks sind winzige Speichergeräte, die über eine USB-Schnittstelle mit einem Computer verbunden werden, um Daten zu speichern. Genau wie Festplatten oder DVDs brauchen die Sticks keinen Strom, damit die gespeicherten Informationen erhalten bleiben.

Wie funktioniert ein Fotoapparat?

Ein Fotoapparat imitiert die Funktionsweise des Auges. Das Licht dringt durch ein Loch (die Blende) und wird von der Linse auf einen Sensorbereich projiziert. Dieser speichert das Bild und zeigt es auf dem Display an.

Wie funktioniert ein Handy?

Beim Telefonieren wird unsere Stimme über ein Mikrofon in elektrische Signale umgewandelt, die per Funk an ein anderes Handy übertragen werden. Über den Lautsprecher werden die Signale wieder in Töne umgewandelt. Mit einem modernen Smartphone kann man aber noch viel mehr als nur telefonieren – es ist wie ein kleiner Computer!

Was ist das Internet?

Das Internet ist ein weltweites Netzwerk von Computern, die durch Datenleitungen miteinander verbunden sind. Da alle Computer dieselbe Sprache verwenden, können sie sich untereinander verständigen und Informationen austauschen. Jeder Computer im Netz hat eine eigene Nummer, mit der er erkannt und kontaktiert werden kann.

Wie funktioniert WLAN?

Heute braucht man für den Zugang zum Internet nicht einmal mehr ein Kabel. In einem drahtlosen Netzwerk (WLAN) werden Daten verschlüsselt und in Funkwellen umgewandelt.
Auf diese Weise können Computer Informationen austauschen, ohne mit einem Kabel verbunden zu sein.

Wie funktioniert eine Mikrowelle?

Ein Mikrowellenherd erzeugt elektromagnetische Wellen mit extrem hohen Schwingungen. Diese erzeugen Wärme, die dazu führt, dass die Lebensmittel in der Mikrowelle schnell heiß werden.

Wie funktioniert eine Waschmaschine?

Früher musste man die dreckige Wäsche von Hand sauber schrubben, heute erledigt das die Waschmaschine! Ihr Motor dreht die Trommel und wirbelt die Wäsche durcheinander. Durch die Reibung und mithilfe von Wasser und Waschmittel wird die Wäsche blitzsauber!

Wie entstehen Wörterbücher?

Ein Wörterbuch umfasst alle Wörter einer Sprache mit ihren Erklärungen. Die Wörter werden dazu alphabetisch angeordnet. Jedes Jahr treffen sich Sprachexperten, die entscheiden, ob und welche Wörter in das Wörterbuch aufgenommen werden – denn ständig kommen neue Wörter dazu!

Wie funktionieren Wahlen?

Um zum Beispiel eine Bürgermeisterin oder einen Bürgermeister zu wählen, geht jeder Wähler in ein Wahllokal, kreuzt den Namen seines Lieblingskandidaten an und wirft den Zettel in eine Wahlurne. Am Ende des Wahltags werden die Stimmen ausgezählt. Derjenige, der die meisten Stimmen bekommen hat, gewinnt die Wahl!

Warum braucht man eine Bank?

Die Bank sorgt dafür, dass unser Geld sicher aufbewahrt wird. Wenn wir es benötigen, brauchen wir nur an einen Geldautomaten zu gehen, um es abzuheben – vorausgesetzt, es ist genug Geld auf dem Konto!

Wie funktioniert eine Bankkarte?

Wenn du mit einer Bankkarte bezahlst, sendet das Kartenlesegerät des Geschäfts eine Nachricht an deine Bank. Wenn du genügend Geld auf dem Konto hast, wird der Kauf akzeptiert, und die Bank überweist dein Geld an das Geschäft.

Was regelt die Straßenverkehrsordnung?

Wenn jeder im Straßenverkehr machen würde, was er will, käme es zu sehr vielen Unfällen. Die Straßenverkehrsordnung regelt beispielsweise die Bedeutung von Schildern und enthält Vorschriften, an die sich jeder Verkehrsteilnehmer halten muss.

Wie funktioniert eine Ampelanlage?

An einer Kreuzung sind alle Ampeln miteinander verbunden. Wenn die Ampeln der einen Straße grün werden, müssen die der Querstraße auf Rot schalten, damit die Autos nicht zusammenkrachen.

Wie funktioniert ein Airbag?

Der Airbag ist mit einem Geschwindigkeitssensor ausgestattet. Wenn das Auto zu stark abbremst oder auf ein Hindernis prallt, wird im Bruchteil einer Sekunde ein riesiger Kunststoffsack aufgeblasen. Dieser schützt den Kopf und den Oberkörper vor einem Aufprall auf das Lenkrad oder das Armaturenbrett.

Wie funktioniert ein Sicherheitsgurt?

Jedes Auto ist mit Sicherheitsgurten ausgestattet, die bei einem Aufprall den Gurt blockieren, damit der Passagier nicht aus dem Sitz geschleudert wird. Anschließend lockert sich der Gurt wieder, damit die Person nicht verletzt wird.

Wie funktioniert ein Alkoholtest?

Wenn jemand Alkohol getrunken hat, ist sein Atem von Dämpfen belastet, die mit einem chemischen Stoff im Test reagieren. Verfärbt sich dieser beim Hineinpusten, hat man zu viel getrunken. Tut sich nichts, darf man weiterfahren!

Wie funktioniert ein Blitzer?

Ein Radargerät oder Blitzer sendet elektromagnetische Wellen. Wenn diese auf ein Auto treffen, werden sie zurückgeworfen. Das Radargerät misst, wie lange die Wellen dafür brauchen und berechnet daraus die Geschwindigkeit des Fahrzeugs. Wenn sie zu hoch ist, wird die Kamera ausgelöst. Das kann teuer werden!

Wozu braucht man Zement?

Zement ist ein besonders starker Klebstoff, den man zum Bauen von Häusern verwendet. Er besteht aus einem Pulver, das durch starkes Erhitzen von Ton und Kalkstein hergestellt wird. Mit Wasser vermischt, entsteht daraus ein klebriger Brei, der an der Luft trocknet.

Wie entsteht Rost?

Wenn Eisen mit Wasser und Sauerstoff in Berührung kommt, gibt es eine chemische Reaktion, die dem Metall eine rostrote Farbe verleiht. Je mehr Rost mit der Zeit entsteht, umso brüchiger wird das Metall.

Wie funktioniert ein Betonmischer?

Wenn man Sand oder Kies mit Wasser und Zement mischt, erhält man Beton. Alle diese Zutaten kommen in einen Betonmischer, dessen Trommel sich dreht, damit der Beton gleichmäßig vermischt wird. Sonst würden alle Kieselsteine am Boden kleben bleiben!

Wie funktioniert ein Kran?

Ein Kran wird an seinem Fuß mit Gegengewichten aus Beton beschwert, damit er nicht umfallen kann. Ganz oben befindet sich die Kabine des Kranführers. Von hier aus steuert er den horizontalen Arm – den Ausleger – und die sogenannte Laufkatze, mit der an einem Haken große Lasten angehoben und bewegt werden können.

Wie baut man einen Wolkenkratzer?

Wolkenkratzer werden mithilfe von Kränen gebaut, die direkt auf dem Gebäude stehen. Die Kräne müssen also mit dem Gebäude in die Höhe klettern. Doch bevor man hoch baut, muss man in die Tiefe bauen. Ohne ein solides Fundament würde ein Wolkenkratzer einstürzen!

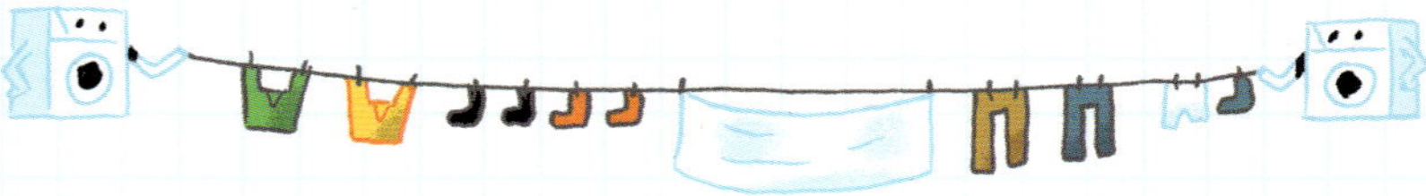

Wie funktioniert ein Aufzug?

Ein Aufzug besteht aus einer Kabine, Drahtseilen und einem Gegengewicht. Fährt das Gegengewicht nach unten, wird die Kabine über ein Rollensystem nach oben gezogen. Fährt das Gewicht nach oben, gleitet der Aufzug zurück nach unten.

Wie funktioniert ein Müllwagen?

Müllwagen sind mit einer Förderschnecke und einem Häcksler ausgestattet, der den Abfall zerkleinert und zerquetscht. Dadurch entsteht mehr Platz im Müllwagen, damit möglichst viel Müll hineinpasst.

Was ist Recycling?

Beim Recycling wird wiederverwertbarer Abfall gesammelt und in den Wertstoffkreislauf zurückgeführt. Der Müll wird dazu sortiert und in speziellen Fabriken zu neuem Material verarbeitet. So wird aus Glas wieder Glas, aus Pappe wieder Papier und aus Plastik neue Plastikfasern!

Wie funktioniert ein Wasserturm?

Ein Wasserturm ist ein Speicher für Brauch- oder Trinkwasser. Er steht meist auf einem Hügel, damit das Wasser auf seinem Weg nach unten genügend Druck aufbauen kann, um später in den Wasserleitungen wieder nach oben zu steigen.

Wie funktioniert eine Kläranlage?

In einer Kläranlage wird das Abwasser aus den Häusern gesammelt und gereinigt, bevor es wieder in die Natur zurückgeführt wird. Das Wasser wird dazu mehrmals gefiltert und schließlich in einem Becken gelagert, bis sich der letzte Schmutz am Boden abgesetzt hat.

Wie funktionieren Rolltreppen?

Eine Rolltreppe funktioniert wie ein Förderband an der Kasse – allerdings mit Stufen. Sie laufen wie ein Band um zwei Achsen herum und werden dabei gekippt, damit sie nicht gegeneinander stoßen.

Wie funktionieren automatische Schiebetüren?

Ein Sensor über der Schiebetür erfasst jede Bewegung. Wenn sich eine Person nähert, reagiert der Sensor und betätigt den Türöffner.

Nachts wird das System abgeschaltet, sonst würde sich die Tür die ganze Nacht lang öffnen und schließen.

Wie funktioniert eine Uhr?

Im Inneren der Uhr sitzen winzige Zahnräder, die von einer Batterie angetrieben werden. Sie drehen sich mit jeder Sekunde ein kleines Stück weiter. Die Zeiger sind mit den Zahnrädern verbunden und drehen sich mit. Daran können wir die Zeit ablesen!

Wie funktioniert ein Kompass?

Die Erde ist wie ein riesiger Magnet! Bei einem Kompass wird die ebenfalls magnetische Nadel vom Nordpol angezogen und zeigt in seine Richtung. Die anderen Himmelsrichtungen Osten, Süden und Westen kann man davon ableiten.

Wie funktioniert ein Bergwerk?

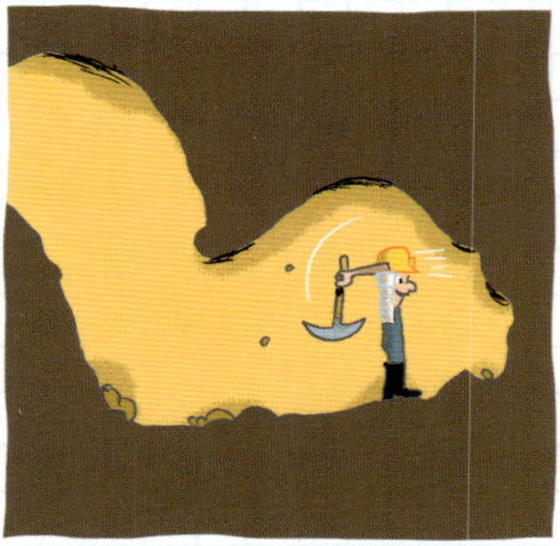

Ein Bergwerk ist ein unterirdisches Netz von Gängen, in denen beispielsweise Kohle abgebaut wird. Die Bergleute graben sich immer tiefer in die Erde und fördern die Kohle zugleich an die Oberfläche.

Wie funktioniert eine Ölquelle?

Das Erdöl befindet sich in natürlichen Ölspeichern tief unter der Erde. Wenn man ein solches Erdöllager entdeckt, wird ein tiefes Loch gebohrt, um das Öl zu fördern. Der hohe Druck unter der Erde sorgt dafür, dass es von allein nach oben sprudelt!

Was ist Elektrizität?

Elektrizität ist ein natürliches Phänomen, das es schon immer gegeben hat (z. B. in Form von Blitzen). Der Mensch hat mit der Zeit herausgefunden, wie man Elektrizität erzeugen und transportieren kann, um sie für die Beleuchtung, zum Heizen oder zur Fortbewegung zu nutzen. Das hat unseren gesamten Alltag verändert!

Wie funktioniert ein Wasserkraftwerk?

Wasserkraftwerke befinden sich meist in einem Staudamm. Das Wasser fließt dabei durch Turbinen, die einen Generator antreiben. So wird Strom erzeugt. Für Fische ist das allerdings eine Sackgasse. Sogenannte Fischtreppen helfen den Tieren an dem Hindernis vorbei.

Wie funktioniert eine Windkraftanlage?

Der Wind sorgt dafür, dass sich die Rotorblätter eines Windrads drehen: Durch diese Bewegung wird Strom erzeugt. Um möglichst viel Energie zu gewinnen, dreht sich das Windrad automatisch in die Richtung, aus der der Wind weht.

Wie funktionieren Solarzellen?

Solarzellen bestehen aus Silizium. Wenn das Sonnenlicht darauftrifft, werden winzige Teilchen – die Elektronen in Bewegung versetzt. Das erzeugt Elektrizität, die in den Stromkreislauf eingespeist wird.

Wie funktioniert ein Leuchtturm?

Das Licht eines Leuchtturms wird von riesigen Linsen gebündelt, sodass es aus großer Entfernung sichtbar ist. Da sich die Linsen drehen, scheint der Leuchtturm in einem bestimmten Rhythmus zu blinken. Dieses Signal ist bei jedem Leuchtturm anders, damit die Seeleute wissen, wo sie sich gerade befinden.

Was ist ein Semaphor?

Semaphoren sind Beobachtungsposten an der Meeresküste. Sie überwachen das Geschehen auf dem Wasser mithilfe von Ferngläsern und können Schiffe in Seenot über Funk lotsen und bei Bedarf Hilfe schicken.

Wie arbeitet die Feuerwehr?

Die Notrufzentrale der Feuerwehr nimmt alle Anrufe entgegen, sortiert sie nach Dringlichkeit und erfasst alle eingehenden Informationen. Daraufhin werden Rettungsfahrzeuge mit der notwendigen Ausrüstung losgeschickt: Leiterwagen, Löschfahrzeuge oder Kranken-wagen.

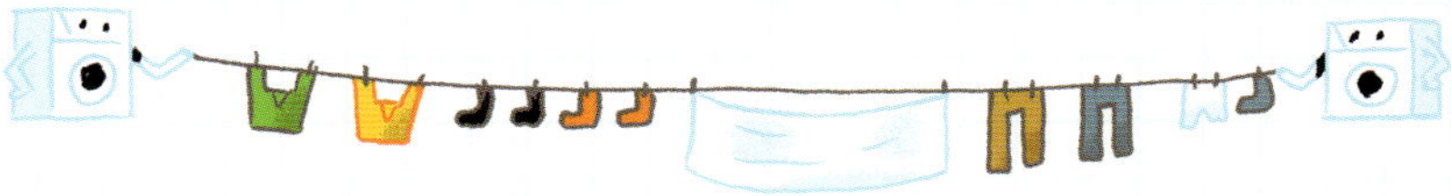

Wann ertönt das Martinshorn?

In einem Feuerwehrauto oder Rettungswagen gibt es zwei Signalknöpfe: einen für das Blaulicht und einen für die Sirene (das Martinshorn). Die Sirene ertönt nur, wenn es besonders schnell gehen muss. Es soll die anderen Fahrzeuge warnen, damit sie dem Rettungsfahrzeug Platz machen.

Was macht ein Mähdrescher?

Der Mähdrescher hat vorn ein Schneidwerkzeug, mit dem er das Getreide mäht. Mithilfe einer Transportschnecke gelangen die Halme ins Innere der Maschine, wo sie gedroschen werden, um das Korn vom Stroh zu trennen. Die Körner landen in einem Behälter, das Stroh wird ausgeworfen.

Wie funktioniert eine Kettensäge?

Die Kette einer Motorsäge besteht aus vielen kurzen Messern, die mit hoher Geschwindigkeit um ein langes, flaches Schwert herumlaufen. Die Kettenglieder „fressen“ sich allmählich durch den Stamm, bis der Baum gefällt ist.

Wie funktioniert eine Wetterstation?

Eine Wetterstation besteht aus verschiedenen Messgeräten, die dazu dienen, das Wetter vorherzusagen. Ein Anemometer erfasst die Windstärke, ein Niederschlagsmesser die Regenmenge, ein Barometer den Luftdruck und ein Thermometer die Temperatur.

Was ist ein Windsack?

Ein Windsack zeigt die Stärke und Richtung des Windes an. Er sieht aus wie ein offenes Hosenbein! Weht der Wind hinein, bläht er den Schlauch auf und dreht ihn in die Richtung, aus der Wind kommt.

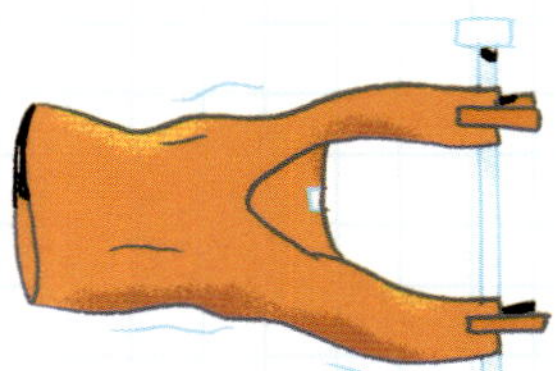

Wie funktioniert die Straßenbeleuchtung?

Die Straßenbeleuchtung einer Stadt ist mit einem Dämmerungsfühler ausgestattet, der ständig die Helligkeit misst. Wird es abends dunkel, sendet dieses Gerät ein Signal, das dafür sorgt, das die Laternen automatisch eingeschaltet werden. Und schon geht das Licht an!

Wie funktioniert eine Überwachungskamera?

Öffentliche Überwachungskameras senden ihre Bilder in Echtzeit an die Polizei. Die kann also

jederzeit sehen, was in den Stra-ßen passiert und im Notfall schnell eingreifen. Die Aufnahmen werden bei Bedarf gespeichert und für polizeiliche Ermittlungen verwendet.

Geschichte

Wie sahen die ersten Fahrräder aus?

Die ersten Fahrräder hatten noch keine Pedale. Man musste sich wie bei einem Laufrad mit den Füßen abstoßen. Später wurde das riesige Vorderrad mit Pedalen ausgerüstet. Dabei kam es schon mal zu Unfällen ...

Wie funktionierten die ersten Autos?

Die Vorfahren der heutigen Autos verwendeten zum Antrieb einen Dampfkessel, der aussah wie ein Wasserkocher. Das erste moderne Auto mit Verbrennungsmotor war der Motorwagen von Gottlieb Daimler und Carl Benz im Jahr 1886.

Wie funktionierten die ersten Züge?

Die ersten Züge wurden von Dampflokomotiven gezogen. In ihrer Rauchkammer wurde Holz oder Kohle verbrannt, um Dampf zu erzeugen, der die Kolben des Motors und damit die Räder in Bewegung setzte.

Wie funktionierten die ersten Flugzeuge?

Die Vorläufer des modernen Flugzeugs waren Gleitflugzeuge ohne Motor, die von einem Hügel starten mussten. Erst um 1900 gab es die ersten Propellermaschinen mit Motor. Es dauerte aber bis zum Ersten Weltkrieg, bis diese Flugzeuge wirklich gut funktionierten!

Wie telefonierte man früher?

Früher konnte man nicht einfach eine Nummer wählen und telefonieren. In Telefonzentralen, in sogenannten Vermittlungsstellen, arbeiteten (meist weibliche) Telefonistinnen, die mithilfe von Kabeln zwei Gesprächsteilnehmer miteinander verbanden, damit sie telefonieren konnten.

Wie hieß der erste Satellit?

Der erste Satellit, der in die Umlaufbahn der Erde geschickt wurde, kam aus der Sowjetunion. Er hieß *Sputnik* und war nichts anderes als eine große Metallkugel, die ein „Piep-piep"-Signal sendete. Der Satellit konnte die Temperatur und den Luftdruck messen und funktionierte mithilfe einer Batterie, die nach 21 Tagen leer war!

Wie wurden die Pyramiden gebaut?

Man weiß bis heute nicht so genau, wie das die alten Ägypter geschafft haben! Bekannt ist aber, dass die Pyramiden als Grabstätten für die Pharaonen dienten.

Was ist eine Mumie?

Nach dem Tod wurden einem Menschen das Gehirn und alle Organe außer dem Herzen entnommen. Dann wurde die Leiche mit Salz ausgetrocknet und mit Binden umwickelt. So wurde der Körper konserviert, damit der Tote bei seinem Eintritt ins Totenreich in einem unbeschädigten Körper wiederauferstehen konnte.

Was ist Höhlenmalerei?

Manche unserer prähistorischen Vorfahren waren echte Künstler! Die Farben reichten von Gelb bis Rot und wurden aus Holzkohle oder gemahlenen Steinen hergestellt. Gemalt wurde mit den Fingern, mit Stöcken oder Pinseln. Manchmal wurden auch Röhrchen aus Knochen verwendet, um die Farbe aufzusprühen.

Wie machte man früher Feuer?

Um Feuer zu machen, braucht man einen Funken. Die Urmenschen erzeugten ihn, indem sie Feuersteine gegeneinander schlugen oder Stöcke aneinander rieben. Mit dem Funken wurde trockenes Moos oder Zweige in Brand gesetzt.

Wie lebte man in einer Burg?

Der Bergfried war der große Turm, in dem der Burgherr wohnte. Er war von einer Mauer und einem breiten Graben umgeben, der die Burg schützte. Von den Festungsmauern aus wurde der Feind abgewehrt, indem man ihn mit Pfeil und Bogen beschoss, Steine hinabschleuderte oder kochendes Wasser hinunterschüttete.

Wie wurde man Ritter?

Der Sohn eines Burgherrn verließ die Burg im Alter von sieben Jahren, um Page zu werden und seine Ausbildung als Ritter zu beginnen. Mit 14 Jahren wechselte er als Knappe zu einem anderen Ritter und wurde mit etwa 18 Jahren selbst zum Ritter geschlagen.

Wer waren die griechischen Götter?

Die alten Griechen hatten für alles einen eigenen Gott: den Krieg, die Liebe, das Meer, den Wind, das Feuer ... Es gab mehrere Dutzend Götter, aber die zwölf wichtigsten lebten auf dem Berg Olymp unter der Herrschaft des Göttervaters Zeus.

Und die römischen Götter?

Die alten Römer übernahmen die griechischen Götter, aber sie gaben ihnen neue Namen, deshalb hieß der Göttervater bei den Römern Jupiter. Wusstest du, dass jeder Planet in unserem Sonnensystem (außer der Erde) nach einem römischen Gott benannt ist?

Was machten Piraten?

Piraten lebten davon, dass sie Handelsschiffe überfielen und ausplünderten. Man erkannte ein Piratenschiff an der schwarzen oder roten Flagge mit Totenkopf und gekreuzten Knochen, die an der Spitze des Mastes flatterte. Und Piraten gibt es sogar heute noch!

Und was waren Freibeuter?

Freibeuter, Kaperer oder Korsaren waren so etwas wie ... na ja, „adelige“ Piraten! Sie überfielen Schiffe und stahlen ihre Fracht, jedoch im Auftrag eines Königs, mit dem sie ihre Beute teilten. Deshalb griffen sie nur Schiffe an, die mit ihrem Land verfeindet waren.

Was waren römische Thermen?

In der Antike hatten die Häuser kein eigenes Badezimmer, deshalb ging man zum Waschen in eine Therme. Zuerst entspannte man sich in einem lauwarmen Bad, dann reinigte man sich in einem heißen Bad und zur Abkühlung folgte ein Kaltbad.

Gab es früher warmes Leitungswasser?

Nein! Zum Waschen ging man in öffentliche Bäder oder schöpfte Wasser aus einem Brunnen. Manche parfümierten sich, um unangenehme Gerüche zu überdecken. Es gab sogar Unternehmer, die einem das warme Wasser und die Wanne direkt ins Haus brachten!

Seit wann gibt es die Olympischen Spiele?

Die ersten Olympischen Spiele gab es mehrere hundert Jahre vor Christus in der Nähe des Ortes Olympia. Die Disziplinen waren Pferderennen, Laufen, Ringen, Werfen und Springen. Der Sieger wurde mit einem Olivenkranz geehrt.

Spielte man früher schon Fußball?

Bereits im Mittelalter spielten die Leute eine Art von Fußball. Die ersten Bälle bestanden aus einer Rinder-, Schweine oder Schafsblase, die mit Luft gefüllt war.
Es gab zwei Mannschaften, aber nur ein Tor.

Wer durfte früher zur Schule gehen?

Im Mittelalter durften nur Jungen reicher Eltern eine Schule besuchen. Die Lehrer waren oft Priester oder Geistliche. Erst viele Jahrhunderte später wurde der Besuch einer Schule kostenlos und verpflichtend. Die Kinder trugen eine Uniform und schrieben mit Feder und Tinte.

Welches Spielzeug gab es früher?

Das älteste Spielzeug der Welt sind Puppen. In der Antike wurde auch mit Murmeln gespielt – aber man benutzte Nüsse! Beliebt waren auch Spiele mit Knöchlein oder Reifen.

Wie entwickelte sich die Schrift?

Anfangs schrieb man mit Schriftzeichen sogenannten Hieroglyphen – die einen Laut oder ein Wort darstellten. Dazu brauchte man Hunderte von Zeichen, die nur Schriftgelehrte kannten. Mit der Erfindung des Alphabets änderte sich das: Von nun an konnte man mit wenigen Zeichen jedes beliebige Wort schreiben!

Wie entstanden die ersten Bücher?

Die ersten „Bücher" waren Schriftrollen aus Pergament oder Papyrus. Später gab es dann Bücher mit richtigen Seiten, aber sie waren selten und teuer, weil sie von Hand geschrieben wurden.

Was waren Reifröcke?

Früher liebten die Frauen weite Röcke, deshalb trugen sie mehrere Unterröcke übereinander. Aber das wurde auf Dauer ziemlich schwer und warm. Also erfand man ein Gerüst aus Reifen, um das Kleid zu unterstützen: den Reifrock!

Wie funktionierte ein Korsett?

Früher wünschten sich die Frauen eine möglichst schlanke Taille. Darum trugen sie ein Korsett: ein enges Oberteil, das möglichst fest geschnürt wurde. Aber es drückte auf die Rippen, sodass man nicht richtig atmen konnte. Uff!

Was ist eine Sänfte?

Um sich fortzubewegen, benutzten reiche Leute oder Würdenträger manchmal eine Sänfte: eine Art Kutsche ohne Räder! Zwei starke Männer packten die hölzernen Stangen und brachten den Reisenden bequem an sein Ziel!

Was ist eine Karosse?

Karossen waren Kutschen der Luxusklasse. Sie wurden nur von Reichen und Königen benutzt. Die prunkvollen Kutschen wurden von mehreren Pferden gezogen, besaßen eine geschlossene Kabine mit gepolsterten Sitzen und waren zum Teil vergoldet!

Wie konservierte man früher Lebensmittel?

Manche Lebensmittel – wie Fisch – wurden über dem Feuer geräuchert, um sie länger haltbar zu machen. Oder sie wurden mithilfe von Salz konserviert. In kalten Ländern wurden Lebensmittel ganz einfach im Eis gelagert!

Aß man früher mit Gabeln?

Obwohl Gabeln bereits existierten, benutzte man sie lange Zeit nur zum Servieren von Speisen. Die Leute aßen lieber mit den Fingern, denn sie hatten Angst sich an den spitzen Zinken zu verletzen!

Wie funktionierte die Post?

Früher wurde die Post mit Pferdekutschen von einem Ort zum nächsten transportiert. Da die Pferde oft gewechselt werden mussten, nutzten die Boten diese Gelegenheit, um sich auf der Poststation auszuruhen.

Woran hat man früher die Zeit abgelesen?

An der Sonne! Man steckte einfach einen Stock in den Boden, an dessen Schatten man die ungefähre Tageszeit erkennen konnte. Später fügte man eine Skala hinzu, um die Zeit genauer ablesen zu können.
So hatte man eine Sonnenuhr!

Wie funktionierten die ersten „Hupen“?

Mit den ersten Autos kam es zu vielen Unfällen, weil die Menschen nicht mit ihnen rechneten, wenn sie über die Straße gingen. Zur Warnung lief daher vor jedem Auto ein Fußgänger mit einer roten Flagge. Sozusagen eine menschliche Hupe!

Wie funktionierten die ersten Autoscheinwerfer?

Die ersten Autos hatten nur eine Gas- oder Öllaterne, deren Licht sehr schwach war. Sie dienten daher weniger dazu, etwas zu sehen, sondern vielmehr, gesehen zu werden!

Was war der „Goldrausch“?

Als im 19. Jahrhundert in Nordamerika das erste Gold gefunden wurde, verbreitete sich die Nachricht wie ein Lauffeuer. Menschen aus aller Welt strömten nach Amerika, um dort nach Gold zu suchen und steinreich zu werden!

Wie hat man früher Wäsche gewaschen?

Mit der Hand! Gewaschen wurde in Seen oder Flüssen, wo die Wäsche mit Sand oder Kies sauber geschrubbt wurde. Später steckte man sie in einen Kessel mit Seifenlauge und rieb sie über ein Waschbrett. Die erste vollautomatische Waschmaschine gab es erst 1946!

Wie funktionierte eine Schreibmaschine?

Bevor es Computer gab, tippte man Texte auf einer Schreibmaschine. Wenn man auf eine Taste drückte, bewegte sich ein Hebel, der den Buchstaben über ein Farbband auf das Papier druckte. Wenn man sich vertippte, war das ganz schön ärgerlich!

Wie hat man sich früher informiert?

Vor der Erfindung des Internets musste man in die Bücherei gehen, um Informationen in Büchern nachzuschlagen. Wollte man Daten von einem Computer weiterleiten, kopierte man sie auf eine Diskette und schickte sie mit der Post!

Wie funktionierten die ersten Fotoapparate?

Um ein Foto zu machen, musste man mehr als 15 Minuten lang stillhalten! Das fertige Bild entstand nicht auf Papier, sondern auf einer Metallplatte. Und natürlich gab es damals noch keine Farbfotografie.

Wie funktionierten die ersten Schallplatten?

Die ersten Schallplatten waren aus Metall oder Wachs. Sie wurden mit einer Kurbel von Hand gedreht, während eine Nadel die Gravur auf der Scheibe „las“ und die Musik abspielte. Die Töne kamen aus einem riesigen Trichter!

Was waren Galeeren?

Galeeren waren Handels- oder Militärschiffe, die mit der Muskelkraft von Dutzenden von Ruderern angetrieben wurden. Meist waren es Gefangene, die ihre Strafe auf den Galeeren verbüßen mussten.

Wie wurde man zum König?

Der Königstitel wurde immer an den ältesten Sohn weitergegeben – in manchen Ländern ist das noch heute so. Wenn es keinen Sohn gab, suchte man sich einen Cousin oder einen Onkel. Die Töchter gingen leer aus – sie waren von der Thronfolge ausgeschlossen!

Was waren Gladiatoren?

Gladiatoren waren professionelle Kämpfer, die im alten Rom dafür bezahlt wurden, sich vor einem Publikum zu schlagen. Wenn der Besiegte nicht tödlich verwundet wurde, entschied der Ausrichter des Wettkampfes über sein Schicksal: Gnade oder Tod!

Was ist eine Rüstung?

Eine vollständige Ritterrüstung bestand aus einem Helm, einem Brustpanzer und Beinschienen. Die einzelnen Teile waren beweglich miteinander verbunden und das Gewicht so verteilt, dass die Last nicht nur auf den Schultern ruhte.

Wie wurde eine Kathedrale erbaut?

Manchmal dauerte es über 100 Jahre, so eine riesige Kirche zu bauen! Auf der Baustelle arbeiteten Maurer, Steinmetze, Glaser, Zimmerleute und Bildhauer. Damit alle gut zusammenarbeiteten, hatte einer das Sagen: der Dombaumeister.

Woraus bestanden die ersten Gerüste?

Jahrtausende lang wurden Gerüste aus Holz gebaut. Vermutlich gab es sie schon in grauer Vorzeit. Nur so konnten die Urmenschen die hohen Höhlendecken erreichen, um sie zu bemalen!

Wie funktionierte eine Kaffeemühle?

Kaffeebohnen müssen vor dem Aufbrühen zu Pulver gemahlen werden. Bei einer Kaffeemühle drehte man an einer Kurbel, um die Bohnen zu zerreiben. Das Pulver fiel in eine Schublade.

Wie erntete man früher Getreide?

Bevor es Traktoren und Mähdrescher gab, wurde das Getreide von Hand gemäht. Dazu benutzte man eine Sense mit einer langen scharfen Klinge, mit der man die Getreidehalme abschnitt, um sie als Garben zu bündeln und zu trocknen.

Was gab es vor der Erfindung von Zahnpasta?

Die alten Ägypter putzten ihre Zähne mit einer Mischung aus Asche und Lehm, die alten Griechen benutzten Kreide. Andere rieben sich die Zähne mit einem weichen Stäbchen oder einem Zahnstocher. Die Römer versuchten ihre Zähne weiß zu halten, indem sie Pipi tranken!

Wie haben Zahnärzte früher gearbeitet?

Meistens wurden kaputte Zähne gleich gezogen, anstatt sie zu behandeln. Aber schon vor langer Zeit wurden „falsche“ Zähne hergestellt, um die ausgefallenen zu ersetzen.

Womit hat man früher geschrieben?

Die alten Ägypter verwendeten schräg angeschnittene Schilf- oder Bambushalme, die man in Tinte tauchte. Später wurden angespitzte Vogelfedern verwendet.

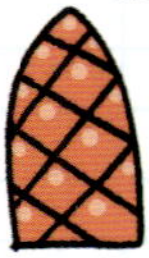

Schließlich wurden Schreibfedern aus Eisen hergestellt, die man in einen Federhalter steckte.

Welche Sehhilfen gab es vor der Brille?

„Zwicker", die man sich auf die Nase klemmte, waren bis zu Beginn des 20. Jahrhunderts weit verbreitet. Um zu verhindern, dass sie herunterfielen, sicherte man sie mit einem Band am Hinterkopf. Daneben gab es das Monokel, ein einzelnes Brillenglas, das man vor das Auge klemmte.

Register